27
n.

ALLOCUTION

PRONONCÉE

DANS L'ÉGLISE DE ROCHEFORT

le jour des

OBSÈQUES DE M. L'ABBÉ MAROT

Chanoine honoraire et Curé-doyen de cette paroisse

PAR L'ABBÉ GAUDIN, RECTEUR DE MALANSAC

LE 28 JUIN 1865.

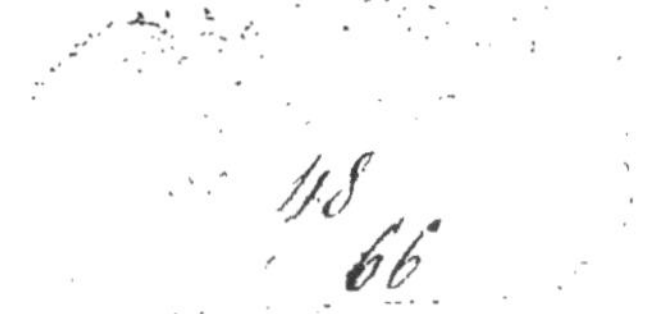

VANNES

IMPRIMERIE DE L. GALLES, RUE DE LA PRÉFECTURE.

1866.

ALLOCUTION

PRONONCÉE

Par l'Abbé GAUDIN, Recteur de Malansac

LE 28 JUIN 1865 (1)

Mes Frères,

La cérémonie funèbre qui nous rassemble est pleine d'instructions salutaires pour nous tous, qui que nous soyons, ministres ou fidèles, pasteurs ou troupeaux.

Elle nous rappelle d'une manière sensiblement douloureuse la sentence portée contre le genre humain, sans égard pour la dignité, la condition, ni la vertu même.

Aujourd'hui, c'est un ministre de Jésus-Christ qui en est victime.

Après avoir prêché lui-même aux autres cette importante

---

(1) Cette allocution a été livrée à l'impression par la famille du défunt.

vérité de la mort, pendant sa longue carrière sacerdotale, il est appelé, à son tour, au tribunal du Souverain Juge, comme nous y serons un jour, pour y rendre le compte de son administration.

Compte redoutable, il est vrai, quand on a passé sa vie dans l'oubli de Dieu, mais devenu rassurant et facile quand on a vécu, comme lui, dans la vertu.

Qu'il me soit permis de dire à ce vénérable confrère quelques mots d'adieu, tout en adressant quelques paroles de consolation à ses bons paroissiens et aux membres affligés de son estimable famille qui le pleurent. Heureux si, en la partageant, je puis apporter quelque adoucissement à leur douleur.

Messire Pierre MAROT naquit à Mohon, en 1791, d'une honnête famille de vertueux laboureurs, comme il y en a encore beaucoup, grâce à Dieu, dans notre catholique Bretagne.

Il commença ses études classiques dans sa paroisse natale, où un vénérable prêtre consacrait ses loisirs à l'instruction de la jeunesse. Après des succès de collége, qui lui méritèrent l'éloge de ses maîtres et l'estime de ses condisciples, il entra au Séminaire en 1814.

Époque orageuse et difficile où les vocations ecclésiastiques étaient rares.

Toutes les idées se tournaient vers la politique, et tendaient à détourner du Sanctuaire. Effet ordinaire des révolutions.

Mais le caractère ferme du jeune ordinand ne se laissa point, comme tant d'autres, entraîner par les idées du siècle. Il suivit l'inspiration de la grâce, et le tumulte du monde ne put interrompre le cours de ses études théologiques.

Dieu a des vues profondes sur chacun de nous. Pour nous faire entrer dans ses desseins, il nous éclaire et nous dirige librement dans la voie qu'il nous destine.

Fidèle à suivre cette impulsion divine, si conforme à la piété de son cœur, M. l'abbé Marot fit le sacrifice des affections de la famille, et fut ordonné prêtre en 1816.

L'Église avait alors le plus pressant besoin de ministres. Le champ du père de famille était en friche. Mais les ouvriers manquaient. La persécution avait plus que décimé le Clergé français par ses proscriptions et ses exécutions révolutionnaires. Après un quart de siècle, tous les diocèses se ressentaient encore de la tourmente de la grande révolution. Le Clergé se recrutait lentement. Ses rangs étaient clairs. Les places étaient vides et demandaient des successeurs.

Après quelques années de vicariat passées à Pleucadeuc et à Beignon, M. l'abbé Marot arriva de bonne heure, jeune encore, au rectorat.

Du Roc-Saint-André il passa à Sérent, grande paroisse où il eut à exercer un ministère actif et pénible. Mais Dieu lui avait donné toutes les qualités nécessaires pour remplir dignement ses nouvelles fonctions dont il sentait tout le poids. Au reste, il y a laissé de profonds souvenirs, qui sont encore tout vivants dans les cœurs.

S'il y rencontra quelques difficultés, inévitables en cette vie, il faut le dire à son honneur, il sut les tourner si habilement qu'elles né purent l'empêcher de fonder, dans cette paroisse, un établissement de religieuses, qui se maintient encore florissant sous la bonne direction des estimables Dames de l'ordre du Saint-Esprit (1).

En 1844, le recteur de Sérent, M. l'abbé Marot, fut appelé par la confiance de son Évêque à la dignité de Curé-Doyen de Rochefort-en-terre, où il a continué, pendant 21 ans et demi, son ministère de dévouement et de charité.

Partout il s'est montré à la hauteur de sa position, et il a su correspondre à la confiance de son Évêque. Mais on ne le vit jamais rechercher les dignités. S'il reçut les honneurs du camail, c'est comme récompense des services rendus à l'église.

Que dire du cœur compatissant de cet homme de Dieu ?

---

(1) Lorsque Monsieur l'abbé Marot, recteur de Sérent, faisait préparer un local destiné à recevoir les religieuses qui devaient tenir l'école de cette paroisse, il fut dénoncé à l'autorité civile, pour avoir gravé, au frontispice du portail de la cour, ces initiales alors séditieuses :

V — H — V

Les autorités de l'arrondissement se rendirent sur le terrain, escortées de la gendarmerie, et le Recteur compromis fut sommé de dire pourquoi il avait inscrit ces initiales, qui ne pouvaient s'expliquer, lui disait-on, que dans un sens politique.

L'habileté du Curé les expliqua ainsi :

V — Virginibus.

H — Hùc.

V — Venturis.

Virginibus hùc venturis.

Aux Vierges qui doivent venir ici ; ce qui était vrai.

Il aimait les pauvres, comme étant les membres souffrants de Jésus Christ. Il les aidait de ses ressources, et les traitait toujours avec douceur et bonté.

Il n'avait de rigueur que pour lui-même. Il était sobre et mortifié, et la pratique rigoureuse de la sobriété et des autres vertus chrétiennes le portait à prêcher avec zèle contre les désordres de l'intempérance, et à défendre avec talent les principes de la morale chrétienne contre les idées subversives des impies et des révolutionnaires de notre siècle.

Si jamais il se fit des adversaires, c'est dans les rangs de ces derniers avec lesquels, disait-il souvent, il ne voulait ni ne pouvait pactiser d'aucune manière. Il était de ce bon vieux temps où la conscience ne transigeait point avec le devoir.

Il aimait l'antiquité dans ce qu'elle a d'historique et d'instructif.

Après l'étude de la Sainte Écriture et des Pères de l'Église, qu'il se plaisait à étudier dans la langue grecque, il recueillait avec bonheur les vieux souvenirs du temps passé. Et, plus d'une fois, il mérita et reçut les éloges des savants antiquaires dans leurs réunions scientifiques.

Mais ce qui le rend plus recommandable à nos yeux, c'est la foi et la piété de son cœur, c'est l'ardeur de son zèle pour le salut des âmes.

Il brillait dans les missions. L'année dernière encore, malgré son grand âge, il passa trois semaines consécutives dans ces pénibles travaux. Il y prêchait fréquemment, et l'onction de sa parole pénétrait les cœurs et ramenait à Dieu.

Que de pécheurs égarés lui doivent leur conversion ! Il a beaucoup semé dans le champ du père de famille, il récoltera beaucoup dans le ciel.

Quæ seminaverit homo, hæc et metet.

Les malades et les pauvres garderont longtemps le souvenir de sa sollicitude pastorale.

Un trait de sa dernière maladie révèle tout le secret de son cœur à cet égard.

Ayant appris qu'un de ses paroissiens était tombé malade, le bon Curé, ne consultant que son cœur et n'écoutant que son zèle, profita d'un petit moment de mieux, pour faire, à la sourdine, sa visite au malade, avant d'être guéri lui-même.

Au point de vue purement humain, il commettait peut-être une imprudence, qui aurait pu mériter l'improbation de la faculté médicale. — Mais hélas ! quelle imprudence pardonnable, quelle heureuse faute ! qu'on est heureux de l'avoir commise, quand on pense qu'elle vous assimile au divin Pasteur, qui s'oublie lui-même et se sacrifie pour ses brebis.

Ce trait de zèle pastoral, qui vient couronner une si belle vie, permet d'en supposer bien d'autres.

Je laisse aux bons cœurs de ses paroissiens le soin de dire le bien que la main droite a fait à l'insu de la gauche, persuadé que leur reconnaissance ne restera pas en arrière du bienfait.

Ils ne manqueront pas de dire que le bon Curé, qui est l'objet de leurs regrets et de leurs larmes, a passé toute sa vie pastorale à consoler les malades, à soulager les pauvres, à administrer les sacrements, en un mot, à se dévouer principalement pour ceux dont il avait charge d'âme.

Les autres qualités du prêtre, il les possédait aussi éminemment.

Je ne parle pas des vertus essentielles qui, grâce à Dieu, se sont précieusement conservées dans le pieux Clergé de notre diocèse. — Il les partageait avec ses confrères. — Mais ce qu'il ne partageait qu'avec un petit nombre, c'est la grande douceur de son caractère et le sacrifice de sa volonté, qui le rendaient toujours bienveillant pour les autres, et d'un commerce agréable et facile dans les relations ordinaires de la vie.

Comme son divin Maître, il fut doux et patient jusqu'à la mort.

C'est le fruit de cette belle vertu que saint Laurent Justinien appelle, à juste titre, la plus brillante parure du prêtre, la perle du sacerdoce ; l'*Humilité ! Sacerdotum gemma.* Sa réserve dans les paroles ne s'explique pas autrement. C'est parce qu'il était sincèrement humble qu'il n'aimait pas la discussion ; car il avait tout ce qu'il faut pour y briller. Mais, s'il était forcé de la subir, il se faisait un devoir d'y observer toutes les convenances et toutes les règles de la modération. Il ne conservait jamais aucun sentiment de froideur contre les contradicteurs de sa pensée.

Il ne mettait alors à sa disposition que la mémoire du cœur, qui oublie facilement les griefs de l'offense, s'il y en a, pour se souvenir du bienfait de l'amitié.

Cette précieuse qualité, on peut le dire à sa louange, ne lui fit jamais défaut.

Les sentiments que je viens d'exprimer, mes Frères, me sont personnels, il est vrai ; mais j'ai l'intime conviction que, si j'avais à exprimer les vôtres, ils seraient les mêmes, avec un sentiment de plus, celui de la piété filiale la plus sincère et la plus profonde ; car il était pour vous un pasteur, un ami, un protecteur dévoué.

Aussi, vous l'aimiez comme un père, il vous aimait comme ses enfants.

Vous prierez donc, pieux habitants de Rochefort, vous ses paroissiens, qui avez été si souvent l'objet de ses prières, vous prierez pour ce bon Pasteur, nous prierons tous pour le repos de son âme.

Il a droit à vos prières, comme vous avez droit à son cœur. — Et, un jour, quand il sera dans la gloire, s'il n'y est déjà, il paiera largement, auprès de Dieu, le devoir chrétien que nous lui rendons aujourd'hui.

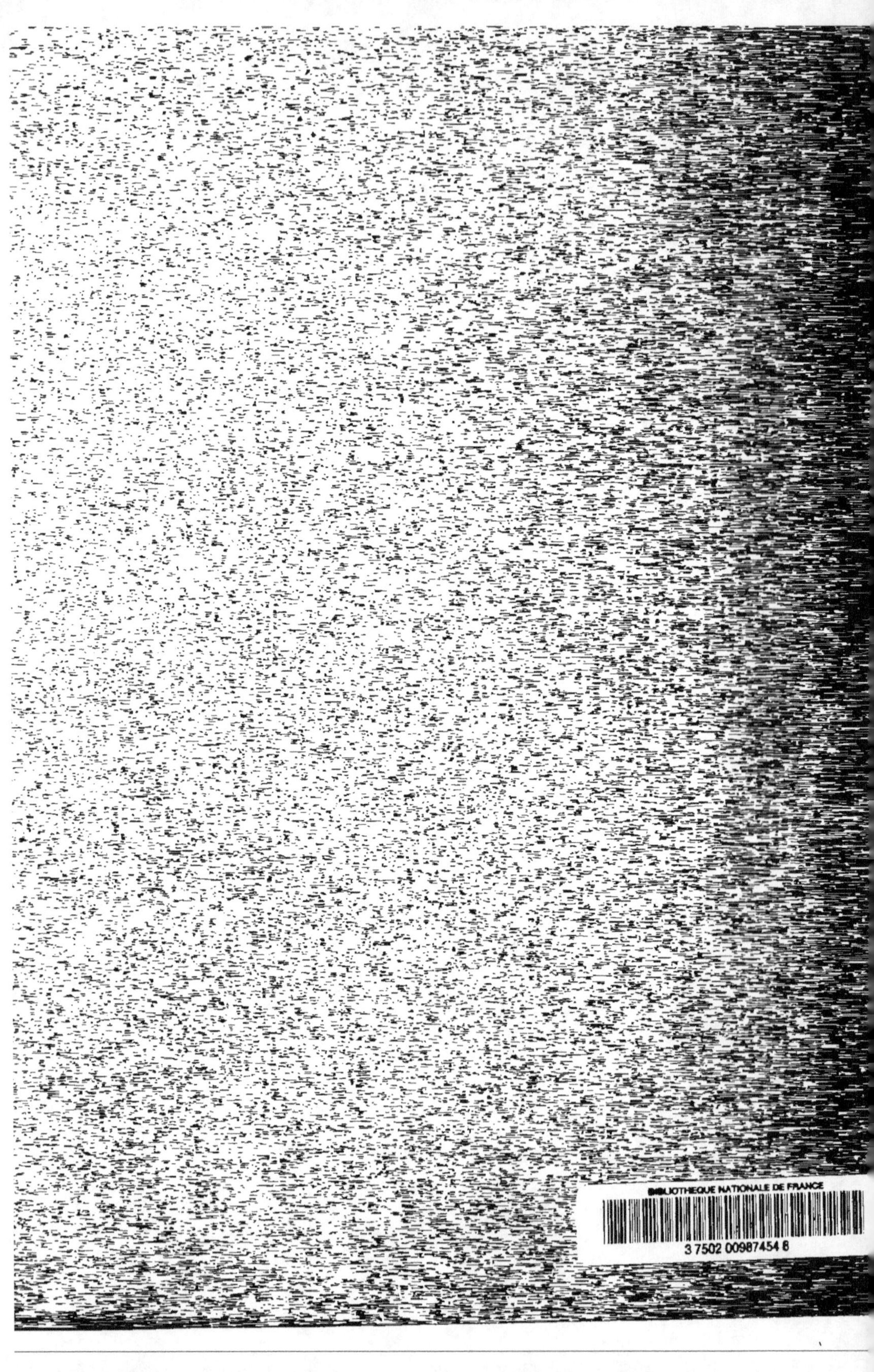